KB086568

토익 기본기 완성

▲ LC Orientation   ▲ RC Orientation

인물 사진 문제

토익 Part 1에는 주어진 사진을 맞게 묘사한 문장을 고르는 문제가 6문항 출제되는데, 그 중에서 4~5문항의 사진에서 사람이 등장합니다. 한 사람 또는 여러 사람이 등장하는 사진이 나오며, 사진에 등장하는 인물의 동작이나 상태를 묘사하는 문장이 정답으로 나옵니다.

■ 인물의 동작/상태를 나타내는 동사 형태

인물의 동작이나 상태를 묘사할 때는 주로 동사의 현재진행형으로 표현합니다.

현재진행형	be 동사 + 동사원형 ing (~하고 있다, ~하는 중이다)

⋯⋯⋯ 주어가 3인칭 단수이면 is, 복수이면 are

⋯⋯⋯ She is reading을 줄여서
= She's reading이라고 말하기도 해요.

She is reading a book.
여자가 책을 읽고 있다.

The woman is sitting on a chair.
여자가 의자에 앉아 있다.

■ 1인 사진 인물의 주어 표현

- 남자 한 명: A man, The man, He
- 여자 한 명: A woman, The woman, She

A man is typing on a keyboard.
남자가 키보드로 입력하고 있다.

The man is wearing a jacket.
남자가 재킷을 입고 있다.

He is using a laptop computer.
남자가 노트북 컴퓨터를 사용하고 있다.

■ 2인 이상 사진 인물의 주어 표현

- 등장인물 전부: **They / People**
- 전체 중 일부 사람들: **Some people**
- 남자들 중 한 명: **One of the men / A man**
- 여자들 중 한 명: **One of the women / A woman**

They're looking at a laptop screen.
사람들이 노트북 컴퓨터 화면을 보고 있다.

One of the men is standing near a table.
남자들 중 한 명이 테이블 주위에 서 있다.

A woman is wearing glasses.
여자 한 명이 안경을 쓰고 있다.

Quiz 음원을 듣고 사진을 바르게 묘사한 문장이면 O, 아니면 X에 표시하고, 빈칸을 채워보세요.

1

(A) She is _____ at a magazine. [O X]
(B) The woman is _____ a mug. [O X]

2

(A) Some people are _____ aprons. [O X]
(B) Some people are _____ food. [O X]

정답 및 해설 p. 23

Practice

| 정답 및 해설 p. 23

▲ MP3 바로듣기　▲ 강의 바로보기

오늘 배운 내용을 바탕으로 연습문제를 풀어 보세요.

1

2

3

4

5

Today's VOCA

01 specialize ★★★
스페셜라이즈 [spéʃəlaiz]
통 전문으로 하다

specialize in serving freelance writers in the Chicago area
시카고 지역의 자유 기고가들을 위한 서비스 제공을 전문으로 하다

02 facility ★★★
쀠실러티 [fəsíləti]
명 시설, 시설물

have a recreation center and other **facilities**
여가 활동 센터와 기타 시설들이 있다

03 allow ★★★
얼라우 [əláu]
통 허용하다, 여유를 두다

allow guests to upgrade their room for free
손님들이 무료로 객실을 업그레이드하도록 해주다

04 obtain ★★
업테인 [əbtéin]
통 얻다, 획득하다

obtain approval from the head office
본사로부터 허가를 얻다

05 replace ★★
뤼플레이스 [ripléis]
통 교체하다, 대체하다

replace our current e-mail system
우리의 현 이메일 시스템을 교체하다
🔁 **replacement** 명 교체(품), 후임(자)

06 appropriate ★★
어프로우프뤼엇 [əpróupriət]
형 적절한, 적합한

recommend an **appropriate** place
적절한 장소를 추천하다

07 properly ★★
프롸퍼ㄹ얼리 [prápərli]
부 제대로, 적절하게

work **properly**
제대로 작동하다

08 including ★★
인클루-딩 [inklú:diŋ]
전 ~을 포함한

all members **including** the director
부장을 포함한 전 부서원
🔁 **include** 통 포함하다

명사 ❶

📖 명사의 형태

영어 단어는 단어 끝에 붙는 어미를 보고 그 단어의 품사를 알 수 있습니다. 명사는 동사나 형용사 뒤에 명사 어미를 붙여 만들 수 있습니다. 명사의 대표적인 형태를 기억해두면 선택지에 제시되는 단어들의 뜻을 알지 못해도 명사를 구분할 수 있습니다. 특히, 전형적인 명사 어미 외에 특이한 명사 어미에 주의하며 암기하도록 합니다.

■ 동사 + 명사 어미

동사 뒤에 -ment, -tion, -sion, -ance 명사 어미를 붙여서 명사를 만들 수 있습니다.

replacement 후임	appointment 예약	renovation 보수공사	production 생산량
decision 결정	extension 연장	attendance 참석자 수	assistance 도움

We rescheduled your **appointment**.
저희가 귀하의 예약을 재조정했습니다.

JS Foods decided to increase **production** in the dessert division.
JS 푸드 사는 디저트 부서의 생산량을 늘리기로 결정했다.

 3초 퀴즈

------- can be made by cash or credit card.

(A) Payment
(B) Paid

동사 뒤에 -al, -ive, -ing 명사 어미를 붙여도 명사가 될 수 있습니다.

proposal 제안서	approval 승인	renewal 갱신	representative 직원
alternative 대안	accounting 회계	opening 공석	advertising 광고

Mr. Hong submitted the **proposal** to build more public libraries.
홍 씨는 더 많은 공공 도서관을 건설하자는 제안서를 제출했다.

동사 뒤에 -er, -or, -ant를 붙이면 명사를 만들 수 있습니다. 특히 이 어미들은 사람명사를 만드는 명사 어미입니다.

> manufacturer 제조업체   supporter 지지자   supervisor 상사   applicant 지원자

All car **manufacturers** must set up a water purification system.
모든 자동차 제조업체들은 정수 설비를 설치해야 한다.

■ 형용사 + 명사 어미

형용사 뒤에 -ist, -ty, -cy, -ce, -ness, -ity 명사 어미가 붙으면 명사가 될 수 있습니다.

> specialist 전문가   individualist 개인주의자   security 보호   privacy 사생활
> presence 참석   diligence 근면   happiness 행복   responsibility 책임

We are committed to the **security** of your private information.
저희는 귀하의 개인 정보 보호에 전념하고 있습니다.

Mr. Lee has requested your **presence** at the department meeting.
리 씨가 귀하의 부서 회의 참석을 요청하였습니다.

 점수UP **특이한 어미를 가진 명사**

아래 단어들은 전형적인 명사 어미가 붙은 명사들이 아닌 특이한 어미 형태를 가진 명사들입니다. 따라서 따로 암기해두면 문제풀이 시간을 줄일 수 있습니다.

> receipt 영수증 pleasure 즐거움 response 응답 architect 건축가 emphasis 강조

Practice

정답 및 해설 p. 25

▲ 강의 바로보기

오늘 배운 내용을 바탕으로 연습문제를 풀어 보세요.

1 Harbor Street will be closed for -------.

(A) renovates   (B) renovate

(C) renovations   (D) renovated

2 You are required to submit the ------- by Friday.

(A) propose   (B) proposes

(C) proposal   (D) proposed

3 The organization offers financial ------- to homebuyers.

(A) assist   (B) assisted

(C) assistance   (D) assisting

4 All interns will be interviewed by their ------- tomorrow.

(A) supervise   (B) supervisor

(C) supervisory   (D) supervised

5 You should wear goggles in the factory for your -------.

(A) safe   (B) safety

(C) safely   (D) safer

memo

Today's VOCA

01 supply ★★
써플라이 [səplái]
⑧ 공급하다　⑲ 공급, 용품, 물자

supply all the materials needed for the construction project
공사 프로젝트에 필요한 모든 자재들을 공급하다

02 original ★★
어뤼줘널 [ərídʒənəl]
⑲ 원본의, 본래의, 독창적인　⑲ 원본

present the **original** receipt
원본 영수증을 제시하다

03 continually ★★
컨티뉴얼리 [kəntínjuəli]
⑨ 꾸준히, 계속

continually deliver excellent customer service 우수한 고객 서비스를 꾸준히 제공하다

⑩ **continue**　⑧ 계속하다

04 distribute ★★
디스트뤼붓 [distríbjuːt]
⑧ 배포하다, 유통하다, 분배하다

distribute gift pens to members
선물용 펜을 회원들에게 배포하다

05 appearance ★★
어피어뤈스 [əpíərəns]
⑲ 외관, 외형, 외모, 등장, 출연

maintain the **appearance** of the office
사무실의 외관을 관리하다

⑩ **appear**　⑧ ~처럼 보이다, 나타나다

06 current ★★
커뤈(트) [kə́ːrənt]
⑲ 현재의

all expenses for the **current** year
올해 지출한 모든 비용

⑩ **currently**　⑨ 현재, 지금

07 retain ★★
뤼테인 [ritéin]
⑧ 보관하다, 유지하다

retain the receipt for one's records
기록용으로 영수증을 보관하다

08 equipment ★★
이큅먼(트) [ikwípmənt]
⑲ 장비

an inventory of the electronic **equipment**
전자기기 재고 목록

인물 사진 빈출 동사 표현 ❶

▲ MP3 바로듣기   ▲ 강의 바로보기

Part 1 인물 사진 문제에서 가장 자주 나오는 동사 표현들을 완벽히 익혀 두세요. 동사 부분이 「be동사 현재형 + -ing」 형태의 현재진행형으로 표현되는 경우가 많으므로 동사를 원형으로 암기하는 것보다는 -ing를 붙인 상태로 발음과 의미를 기억해 두는 것이 좋습니다.

■ 보다, 읽다

reading a book
책을 읽고 있다

looking at a map
지도를 보고 있다

looking in a drawer
서랍 안을 들여다보고 있다

■ 앉다, 서다, 기대다

sitting on a bench
벤치에 앉아 있다

standing behind a counter
카운터 뒤에 서 있다

leaning against a wall
벽에 기대고 있다

■ 일하다, 작업하다

typing on a keyboard
키보드로 타자를 치고 있다

working at a laptop computer
노트북 컴퓨터로 업무 중이다

repairing a car
fixing a car
자동차를 수리 중이다

watering some plants
식물에 물을 주고 있다

■ 청소하다, 요리하다

sweeping the floor
바닥을 쓸고 있다

cleaning a table
테이블을 닦고 있다

preparing some food
음식을 준비하고 있다

Quiz 음원을 듣고 사진을 바르게 묘사한 문장이면 O, 아니면 X에 표시하고, 빈칸을 채워보세요.

1

(A) She's _____ in a drawer.　　　[O X]
(B) She's _____ on a keyboard.　　[O X]

2

(A) He's _____ against a wall.　　[O X]
(B) He's _____ headphones.　　　[O X]

정답 및 해설 p. 25

Practice | 정답 및 해설 p. 26

오늘 배운 내용을 바탕으로 연습문제를 풀어 보세요.

1

2

3

4

5

Today's VOCA

▲ MP3 바로듣기

01 comfortable

컴뿨ㄹ터블 [kʌ́mfərtəbl]

휑 안락한, 편안한, 쾌적한

install **comfortable** chairs
안락의자를 설치하다

➡ **comfort** 동 위로하다 명 위로, 편안

02 content

칸텐(트) [kántent]

명 내용(불가산), 내용물(가산)

The movie's **content** is based on a true story.
그 영화의 내용은 실화를 바탕으로 한다.

03 familiar

쀄밀려ㄹ [fəmíljər]

휑 익숙한, 친숙한

be **familiar** with accounting theory
회계 이론을 잘 알고 있다

04 inventory

인붼터뤼 [ínvəntɔːri]

명 재고

reduce the **inventory**
재고를 줄이다

05 describe

디스크롸입 [diskráib]

동 묘사하다, 설명하다

describe the missing item clearly
분실물을 명확하게 묘사하다

06 removal

뤼무붤 [rimúːvəl]

명 제거, 없앰

removal of the warranty sticker
제품 보증 스티커의 제거

07 function

쀵션 [fʌ́ŋkʃən]

동 기능하다 명 기능, 역할, 의식, 행사

ensure that all of the office equipment always **functions** properly
모든 사무 장비들이 항상 제대로 기능하도록 하다

08 vulnerable

뷜너러블 [vʌ́lnərəbl]

휑 취약한

be more **vulnerable** to damage while in normal usage
일반적 사용 환경에서 훼손에 더 취약하다

명사 ❷

📖 명사의 역할과 위치

토익에서 출제되는 명사 문법 문제는 명사가 들어갈 수 있는 위치만 알고 있다면 빠르게 풀 수 있는 문제들이 대부분입니다. 명사는 문장 내에서 주어, 목적어, 보어의 역할을 할 수 있습니다.

■ 주어

⋯ 동사 are의 앞자리이자 문장의 시작 부분은 주어 자리이고, 명사가 들어가요.

동사
Clients are satisfied with our new service.
고객들이 우리의 새로운 서비스에 만족한다.

■ 목적어

타동사와 전치사 뒤 목적어 자리에는 명사 목적어가 필요합니다.

타동사
A potential customer **requested** **information**.
한 잠재 고객이 정보를 요청했다.

전치사
All applicants should have a degree **in** **accounting**.
모든 지원자들은 회계학 학위를 가지고 있어야 한다.

3초 퀴즈

The mall will be temporarily closed for -------.

(A) renovate
(B) renovation

■ 보어

2형식 자동사 뒤 보어 자리에는 명사 보어가 올 수 있습니다.

2형식 자동사
High consumption of alcohol **has become** a **problem**.
높은 술 소비량이 문제가 되고 있다.

⋯ 주어 High consumption of alcohol (높은 술 소비량) = 보어 problem (문제)

명사 자리 단서 찾기

☑ 관사 뒤

관사는 명사 앞에서 명사가 한 개라는 것을 나타내거나 특정한 명사임을 보여줍니다. a/an이나 the 뒤에 빈칸이 있다면 명사를 정답으로 고르면 됩니다.

⌐···· 이 renovation은 로비에 대해 이뤄지는 특정한 보수공사를 나타내요.

The renovation of the lobby will begin in March.
로비의 보수공사가 3월에 시작될 것이다.

☑ 소유격 뒤

소유격은 명사 앞에서 명사의 소유자를 나타냅니다. 명사 끝에 's가 붙어도 소유격이 됩니다. 빈칸 앞에 소유격이 제시된다면 정답은 명사입니다.

Talk to **your manager** about your deadline.
마감시한에 관해 당신의 매니저와 얘기하세요.

☑ 형용사 뒤

형용사는 명사 앞에서 명사를 꾸며주는 역할을 합니다. 형용사 바로 뒤에 빈칸이 있다면 명사가 정답입니다.

Many hotels offer **special discounts** during off-season.
많은 호텔들은 비수기에 특별 할인을 제공한다.

☑ 전치사 뒤

전치사는 명사를 다른 단어와 연결하므로 전치사 바로 뒤에 빈칸이 있다면 명사가 정답입니다.

Ms. Eramo is eligible **for promotion** this month.
이라모 씨는 이번 달 승진의 자격 조건을 갖추고 있다.

Practice | 정답 및 해설 p. 27

오늘 배운 내용을 바탕으로 연습문제를 풀어 보세요.

1 A ------- will be delivered on Tuesday.

(A) replace   (B) replaces

(C) replaced   (D) replacement

2 Please visit our Web site for more -------.

(A) inform   (B) information

(C) informed   (D) informational

3 The head chef changed some recipes in ------- to customer feedback.

(A) respond   (B) responsive

(C) response   (D) responded

4 Managers make ------- on business strategies.

(A) decide   (B) decidedly

(C) decisive   (D) decisions

5 Bill Rice is renowned for his ------- in the technology industry.

(A) accomplish   (B) accomplishing

(C) accomplishes   (D) accomplishments

memo

Today's VOCA

01 keep ★

키입 [ki:p]

⑧ 계속하다, ~의 상태를 유지하다, 보관하다

keep customers satisfied
고객들을 계속 만족시키다

02 enter ★

엔터ㄹ [éntər]

⑧ 들어가다, 입력하다

put on protective gear prior to **entering** the factory
공장에 들어가기 전에 보호장구를 갖추다

03 setting ★

쎄팅 [sétiŋ]

⑨ 환경, 배경

smoothly communicate with clients in both business and social **settings**
업무와 사교 환경 모두에서 고객들과 원활하게 소통하다

04 fill ★

쀨 [fil]

⑧ 채우다

fill the open positions
공석을 충원하다

05 remove ★

뤼무웁 [rimú:v]

⑧ 제거하다

use a dry cloth to **remove** dirt
먼지를 제거하기 위해 마른 헝겊을 사용하다

06 load ★

로웃 [loud]

⑧ 탑재하다, (짐을) 싣다 ⑨ 짐, 부담

load paper into the copy machine
종이를 복사기에 탑재하다

⑪ **unload** ⑧ (짐을) 내리다, 하역하다

07 promptly ★★★★★

프뢈픗(틀)리 [prámptli]

⑨ 신속하게, 즉시, 제 시간에

complete the task **promptly**
신속하게 업무를 마치다

08 review ★★★★

뤼뷰- [rivjú:]

⑧ 검토하다 ⑨ 검토, 평론, 평가, (사용) 후기

review the enclosed instructions
동봉된 지시사항을 검토하다

DAY 04

Part 5 명사 ❷

VOCA

● 단어와 그에 알맞은 뜻을 연결해 보세요.

1   inventory   •   • (A) 배포하다, 유통하다, 분배하다

2   distribute   •   • (B) 제대로, 적절하게

3   properly   •   • (C) 재고, 목록

● 다음 빈칸에 알맞은 단어를 선택하세요.

4   recommend an ------- place
    적절한 장소를 추천하다

5   be more ------- to damage while in normal usage
    일반적 사용 환경에서 훼손에 더 취약하다

    (A) original
    (B) vulnerable
    (C) appropriate

6   present the ------- receipt
    원본 영수증을 제시하다

● 실전 문제에 도전해 보세요.

7   The Monroe Buffet in the downtown area ------- in sushi and seafood.

    (A) considers   (B) measures
    (C) specializes   (D) receives

8   Before signing the contract, you must ------- all the terms and conditions.

    (A) supply   (B) describe
    (C) review   (D) keep

한 주 동안 학습한 내용을 적용하여 기출변형 문제들을 풀어 보세요.

▲ MP3 바로듣기　　▲ 강의 바로보기

1

2

3

4

5

DAY 05

Weekly Test

한 주 동안 학습한 내용을 적용하여 기출변형 문제들을 풀어 보세요.

▲ 강의 바로보기

1   A ------- of homeowners prefer to have three bedrooms and two bathrooms.

(A) major
(B) majority
(C) majored
(D) majoring

2   If you need additional ------- about our insurance services, please visit our Web site.

(A) inform
(B) information
(C) informed
(D) informational

3   All employees will meet with their ------- to have their performance reviewed in June.

(A) supervisors
(B) supervising
(C) supervise
(D) supervisory

4   Directors are updating their safety policies to ensure ------- with new environmental guidelines.

(A) complied
(B) comply
(C) compliant
(D) compliance

5   This section of the street will be closed until ------- on Burrard Street has been completed.

(A) constructs
(B) construction
(C) constructed
(D) constructive

6 The Israeli strawberry that can grow in desert conditions is the ------- of experimentation at Tel Aviv University.

(A) result
(B) resulting
(C) resulted
(D) to result

7 Hills Coffee Inc. received ------- from their supplier that cups will be available in the colors they requested.

(A) assurances
(B) assuredly
(C) assured
(D) assure

8 ------- written in the mutual fund report do not reflect the opinion of the financial firm.

(A) Reviews
(B) Reviewed
(C) Reviewable
(D) Reviewing

9 Del Corporation has recorded large ------- in revenue in the third quarter of the year.

(A) gained
(B) gainfully
(C) gains
(D) gainful

10 In ------- to the negative feedback from its customers, Outside Steakyard has changed its entrée menu to include healthy options.

(A) respond
(B) response
(C) responding
(D) responds

Week 01
정답 및 해설

Day 01 인물 사진 문제

Quiz

1.

(A) She is <u>looking</u> at a magazine. [O]
(B) The woman is <u>holding</u> a mug. [X]

(A) 여자가 잡지를 보고 있다.
(B) 여자가 머그컵을 들고 있다.

어휘 look at ~을 보다 magazine 잡지 hold ~을 잡다, 들다
mug 머그컵

2.

(A) Some people are <u>wearing</u> aprons. [O]
(B) Some people are <u>preparing</u> food. [X]

(A) 몇몇 사람들이 앞치마를 두르고 있다.
(B) 몇몇 사람들이 음식을 준비하고 있다.

어휘 wear ~을 입다, 착용하다 apron 앞치마 prepare ~을
준비하다

Practice

1. (A)　　**2.** (C)　　**3.** (D)　　**4.** (A)　　**5.** (D)

1.

(A) A man is sitting by a window.
(B) A man is opening a laptop computer.
(C) A man is holding a coffee cup.
(D) A man is typing on a keyboard.

(A) 한 남자가 창가에 앉아 있다.
(B) 한 남자가 노트북 컴퓨터를 열고 있다.
(C) 한 남자가 커피잔을 들고 있다.
(D) 한 남자가 키보드에 타이핑하고 있다.

정답 (A)

해설 (A) 창가에 앉아 있는 남자의 위치를 묘사한 정답.
(B) 남자가 노트북 컴퓨터를 열고 있는 것(is opening)이 아
니라 이미 열려 있는 상태이므로 오답.
(C) 책상에 컵이 놓여 있기는 하지만 남자가 들고 있는 것(is
holding)은 아니므로 오답.
(D) 남자가 키보드를 사용하고 있지 않으므로 오답.

어휘 by ~ 옆에 hold ~을 붙잡아 들다

2.

(A) Some people are attending a performance.
(B) Some people are looking at a monitor.
(C) A woman is speaking to a group of people.
(D) A woman is writing on a whiteboard.

(A) 몇몇 사람들이 공연에 참석하고 있다.
(B) 몇몇 사람들이 모니터를 보고 있다.
(C) 한 여자가 단체로 모인 사람들에게 이야기하고 있다.
(D) 한 여자가 화이트보드에 글씨를 쓰고 있다.

정답 (C)
해설 (A) 여러 사람들이 있기는 하지만 공연을 하는 장소가 아니므로 오답.
　　 (B) 사람들이 보고 있는 것이 모니터가 아니므로 오답.
　　 (C) 화이트보드 앞에 서 있는 여자가 나머지 사람들에게 이야기하는(speaking to a group of people) 모습이므로 정답.
　　 (D) 화이트보드에 무엇을 쓰는 동작을 하고 있지 않으므로 오답.
어휘 attend ~에 참석하다 performance 공연, 연주 look at ~을 보다

3.

(A) She is cleaning the counter.
(B) She's cooking some food.
(C) She is setting a table.
(D) She is washing the dishes.

(A) 여자가 판매대를 청소하고 있다.
(B) 여자가 음식을 조리하고 있다.
(C) 여자가 식탁을 차리고 있다.
(D) 여자가 설거지를 하고 있다.

정답 (D)
해설 (A) 판매대(counter)가 사진에 없으므로 오답.
　　 (B) 여자가 있는 곳이 주방이긴 하지만 음식을 하고 있는 것이 아니므로 오답.
　　 (C) 식탁(table)이 사진에 없으므로 오답.
　　 (D) 비누 거품으로 가득 찬 싱크대에서 여자가 장갑을 끼고 접시를 닦고 있는 것으로 보아 설거지를 하고 있는 것을 확인 가능하므로 정답.
어휘 counter 판매대, 계산대 set a table 식탁을 차리다 wash the dishes 설거지를 하다

4.

(A) They're sitting on a couch.
(B) They're moving boxes.
(C) The woman is turning on a lamp.
(D) The man is reading a book.

(A) 사람들이 소파에 앉아 있다.
(B) 사람들이 여러 박스를 옮기고 있다.
(C) 한 여자가 램프를 켜고 있다.
(D) 한 남자가 책을 읽고 있다.

정답 (A)
해설 (A) 사진 속 남자와 여자 둘 다 소파에 앉아 있으므로 정답.
　　 (B) 사진 속에 남자와 여자 둘 다 박스들을 옮기고 있는 것이 아니라 박스들이 바닥에 쌓여 있으므로 오답.
　　 (C) 램프는 소파 왼쪽에 위치해 있고 여자는 소파 위에 앉아 남자와 태블릿 컴퓨터를 보고 있으므로 오답.
　　 (D) 남자가 손에 들고 있는 것이 책으로 보이지 않으므로 오답.
어휘 couch 소파, 긴 의자 turn on ~을 켜다 lamp 램프, 등

5.

(A) A man is opening a window.
(B) A man is drinking from a cup.
(C) A man is adjusting his chair.
(D) A man is working at a desk.

(A) 한 남자가 창문을 열고 있다.
(B) 한 남자가 컵을 들고 음료를 마시고 있다.
(C) 한 남자가 의자를 조정하고 있다.
(D) 한 남자가 책상에서 일을 하고 있다.

정답 (D)
해설 (A) 남자는 책상에 앉아 컴퓨터 화면을 보고 있으므로 오답.
　　 (B) 컵은 책상에 놓여져 있으며 남자는 컵을 들고 마시고 있지 않으므로 오답.
　　 (C) 남자는 의자에 앉아 있지만 키보드 위에 손을 올리고 있으므로 오답.
　　 (D) 남자가 책상에 앉아 컴퓨터 화면을 보고 있는 것으로 보아 일을 하고 있다고 확인할 수 있으므로 정답.
어휘 adjust ~을 조정하다

Day 02 명사 ❶

3초 퀴즈

정답 (A)

해석 비용 지불은 현금 또는 신용카드로 이뤄질 수 있다.

해설 빈칸 뒤에 동사가 있으므로 빈칸은 주어 자리이고, 주어 역할을 할 수 있는 명사가 빈칸에 와야 한다. 따라서 -ment 명사 어미로 끝나는 (A) Payment가 정답이다.

어휘 by ~으로 cash 현금 credit card 신용카드 payment 지불(금) pay ~을 지불하다

Practice

1. (C)	2. (C)	3. (C)	4. (B)	5. (B)

1.

정답 (C)

해석 하버 스트리트가 보수를 위해 폐쇄될 것이다.

해설 빈칸 앞에 전치사가 있으므로 빈칸이 명사 자리임을 알 수 있다. 따라서 -tion 명사 어미로 끝나는 (C) renovations가 정답이다. renovations는 명사 renovation의 복수형이다.

어휘 be closed 폐쇄되다 renovate ~을 보수하다 renovation 보수 (공사)

2.

정답 (C)

해석 당신은 금요일까지 제안서를 제출해야 한다.

해설 빈칸 앞에 관사가 있으므로 빈칸이 명사 자리임을 알 수 있다. 따라서 -al 명사 어미로 끝나는 (C) proposal이 정답이다.

어휘 be required to do ~해야 한다 submit ~을 제출하다 propose ~을 제안하다 proposal 제안(서)

3.

정답 (C)

해석 그 기관은 주택 구매자들에게 재정적 도움을 제공한다.

해설 빈칸 앞에 형용사가 있으므로 빈칸이 명사 자리임을 알 수 있다. 따라서 -ance 명사 어미로 끝나는 (C) assistance가 정답이다.

어휘 organization 기관 offer ~을 제공하다 financial 재정적인 homebuyer 주택 구매자 assist ~에게 도움을 주다 assistance 도움

4.

정답 (B)

해석 모든 인턴들은 내일 그들의 상사와 인터뷰할 것이다.

해설 빈칸 앞에 소유격이 있으므로 빈칸이 명사 자리임을 알 수 있다. 따라서 -or 명사 어미로 끝나는 (B) supervisor가 정답이다.

어휘 all 모든 be interviewed by ~와 인터뷰하다 tomorrow 내일 supervise 감독하다 supervisor 상사 supervisory 감독의

5.

정답 (B)

해석 당신은 당신의 안전을 위해 공장에서 보호안경을 써야 한다.

해설 빈칸 앞에 소유격이 있으므로 빈칸이 명사 자리임을 알 수 있다. 따라서 -ty 명사 어미로 끝나는 (B) safety가 정답이다.

어휘 wear (안경 등을) 쓰다, 입다 goggle 보호안경 factory 공장 safe 안전한 safety 안전 safely 안전하게 safer 더 안전한

Day 03 인물 사진 빈출 동사 표현 ❶

Quiz

1.

(A) She's <u>looking</u> in a drawer. [O]

(B) She's <u>typing</u> on a keyboard. [X]

(A) 여자가 서랍 안을 보고 있다.

(B) 여자가 키보드로 타자를 치고 있다.

어휘 look in(to) ~안을 들여다보다 drawer 서랍 type 타이핑을 하다

2.

(A) He's <u>leaning</u> against a wall. [O]
(B) He's <u>wearing</u> headphones. [O]

(A) 남자가 벽에 기대고 있다.
(B) 남자가 헤드폰을 쓰고 있다.

어휘 lean against ~에 기대다 wear ~을 착용하다

Practice

| 1. (C) | 2. (B) | 3. (A) | 4. (A) | 5. (A) |

1.

(A) The man is looking at some artwork.
(B) The man is parking a car.
(C) The man is repairing a vehicle.
(D) The man is cleaning some windows.

(A) 남자가 예술품을 보고 있다.
(B) 남자가 주차를 하고 있다.
(C) 남자가 차량을 수리하고 있다.
(D) 남자가 몇몇 창문을 닦고 있다.

정답 (C)
해설 (A) 남자가 살펴보는 것이 예술품이 아니므로 오답.
(B) 남자가 주차하는 동작을 하는 것이 아니므로 오답.
(C) 남자가 자동차를 수리하는 동작을 하고 있으므로 정답.
(D) 남자가 창문을 닦는 동작을 하고 있지 않으므로 오답.
어휘 look at ~을 보다 artwork 예술품 park v. ~을 주차하다
repair v. ~을 수리하다 vehicle 차량 clean ~을 닦다,
청소하다

2.

(A) A woman is using a sink.
(B) A woman is preparing some food.

(C) A woman is arranging a display.
(D) A woman is cleaning a table.

(A) 한 여자가 싱크대를 이용하고 있다.
(B) 한 여자가 음식 준비를 하고 있다.
(C) 한 여자가 전시품을 정리하고 있다.
(D) 한 여자가 테이블을 닦고 있다.

정답 (B)
해설 (A) 여자가 이용하는 것이 싱크대가 아니므로 오답.
(B) 여자가 채소를 손질하고 있는 것을 음식 준비로 볼 수 있
으므로 정답.
(C) 여자가 손질하고 있는 것이 전시품이 아니므로 오답.
(D) 여자가 테이블을 닦고 있는 것이 아니므로 오답.
어휘 sink 싱크대 prepare ~을 준비하다 arrange ~을
정리하다, 배열하다 display n. 전시품, 진열품 clean ~을
닦다, 청소하다

3.

(A) A man is standing behind a counter.
(B) A woman is watering some flowers.
(C) A man is fixing a light fixture.
(D) A man is wiping a table.

(A) 한 남자가 카운터 뒤에 서 있다.
(B) 한 여자가 몇몇 꽃에 물을 주고 있다.
(C) 한 남자가 조명 기구를 수리하고 있다.
(D) 한 남자가 테이블을 닦고 있다.

정답 (A)
해설 (A) 남자가 카운터 뒤에 서 있으므로 정답.
(B) 여자가 꽃에 물을 주고 있는 것이 아니므로 오답.
(C) 남자는 여자를 쳐다보고 있으며, 조명 기구를 수리하고 있
는 것이 아니므로 오답.
(D) 남자가 테이블을 닦는 동작을 하고 있지 않으므로 오답.
어휘 counter 카운터, 판매대, 계산대 water v. 물을 주다 fix ~을
수리하다, 고치다 light fixture 조명 기구 wipe ~을 닦다

4.

(A) A man is sweeping the stairs.

(B) A man is walking up the stairs.

(C) A man is leaning against a railing.

(D) A man is standing on a ladder.

(A) 한 남자가 계단을 쓸고 있다.

(B) 한 남자가 계단을 걸어 올라가고 있다.

(C) 한 남자가 난간에 기대고 있다.

(D) 한 남자가 사다리에 서 있다.

정답 (A)

해설 (A) 남자가 빗자루를 들고 계단을 쓸고 있으므로 정답.

(B) 남자가 계단을 오르고 있는 것이 아니므로 오답.

(C) 남자가 난간에 기대어 있지 않으므로 오답.

(D) 사진 속에 사다리가 없으므로 오답.

어휘 sweep (빗자루로) ~을 쓸다 stairs 계단, 층계 walk up
~을 걸어 올라가다 lean against ~에 기대다 railing 난간
ladder 사다리

5.

(A) The man is reading a newspaper.

(B) The man is sipping from a cup.

(C) The man is working on a laptop.

(D) The man is wiping off a table.

(A) 남자가 신문을 읽고 있다.

(B) 남자가 컵에 담긴 음료를 마시고 있다.

(C) 남자가 노트북 컴퓨터로 일을 하고 있다.

(D) 남자가 테이블을 깨끗이 닦고 있다.

정답 (A)

해설 (A) 남자가 손에 들고 읽고 있는 것이 신문으로 보이므로 정
답.

(B) 남자가 컵을 손에 들고 있고 마시는 동작을 하고 있지 않

으므로 오답.

(C) 사진 속에 노트북 컴퓨터가 없으므로 오답.

(D) 남자가 테이블을 닦는 동작을 하고 있지 않으므로 오답.

어휘 sip 마시다, 홀짝이다 laptop 노트북 컴퓨터 wipe off
깨끗이 닦다, 닦아 내다

Day 04 명사 ❷

3초 퀴즈

정답 (B)

해석 그 쇼핑몰은 보수 공사를 위해 잠시 문을 닫을 것이다.

해설 빈칸이 전치사 뒤에 있으므로 빈칸은 전치사의 목적어 자리이
다. 따라서 목적어 역할을 할 수 있는 명사 (B) renovation이
정답이다.

어휘 temporarily 잠시 closed 문을 닫은 renovate ~을
보수하다 renovation 보수 (공사)

Practice

1. (D)	2. (B)	3. (C)	4. (D)	5. (D)

1.

정답 (D)

해석 교체품 하나가 화요일에 배송될 것입니다.

해설 빈칸 앞에 부정관사가 있으므로 빈칸은 명사 자리이다. 따라서
선택지 중 명사인 (D) replacement가 정답이다.

어휘 deliver ~을 배송하다 replace ~을 교체하다 replaced
교체된 replacement 교체품

2.

정답 (B)

해석 더 많은 정보가 필요하시면, 저희 웹사이트를 방문하십시오.

해설 형용사 다음에 빈칸이 있으므로 빈칸은 형용사의 수식을 받
는 명사가 필요한 자리이다. 따라서 선택지 중 명사인 (B)
information이 정답이다.

어휘 Please + 동사 ~하세요 visit 방문하다 more 더 많은
inform 알리다 information 정보 informed 박식한
informational 정보의

3.

정답 (C)

해석 수석 요리사가 고객들의 의견에 대응하여 일부 조리법을 변경
했다.

해설 빈칸 앞에 in이라는 전치사가 위치해 있으므로 빈칸은 명사 자리임을 알 수 있다. 따라서 선택지 중 명사인 (C) response가 정답이다.

어휘 head chef 수석 요리사 change ~을 변경하다 recipe 조리법 customer 고객 feedback 의견 respond 대응하다 responsive 대응하는 response 대응

4.

정답 (D)

해석 관리자들은 사업 전략에 대한 결정을 내린다.

해설 동사 make 뒤에 빈칸이 있으므로 빈칸은 make의 목적어 역할을 할 명사가 필요한 자리이다. 따라서 선택지 중 유일한 명사인 (D) decisions가 정답이다.

어휘 manager 관리자 make a decision 결정을 내리다 strategy 전략 decide ~을 결정하다 decidedly 단호하게 decisive 결정적인

5.

정답 (D)

해석 빌 라이스 씨는 기술 업계에서 그의 업적으로 잘 알려져 있다.

해설 소유격 his 뒤에 빈칸이 있으므로 빈칸은 명사 자리이다. 따라서 선택지 중 유일한 명사인 (D) accomplishments가 정답이다.

어휘 renowned 잘 알려져 있는 technology 기술 industry 업계 accomplish 업적을 남기다 accomplishment 업적

Day 05 Weekly Test

VOCA

1. (C)	2. (A)	3. (B)	4. (C)	5. (B)
6. (A)	7. (C)	8. (C)		

7.

해석 시내의 먼로 뷔페는 스시와 해산물을 전문으로 한다.

해설 빈칸 앞에는 특정 식당의 이름이, 빈칸 뒤에는 메뉴명이 나와 있으므로 '전문으로 하다'라는 뜻의 (C) specializes가 정답이다.

어휘 downtown area 시내, 도시 seafood 해산물 consider 고려하다 measure ~을 측정하다 specialize 전문으로 하다 receive ~을 받다

8.

해석 계약서에 서명하기 전에, 귀하께서는 모든 조건을 검토해야 합니다.

해설 빈칸에는 계약서에 서명하기 전에 해야 할 행동을 나타내는 어휘가 필요하다. 따라서 '검토하다'라는 뜻의 (C) review가 정답이다.

어휘 before ~전에 sign ~에 서명하다 contract 계약 terms and conditions 조건 supply ~을 공급하다 describe ~을 설명하다 review ~을 검토하다 keep 유지하다

LC

1. (C)	2. (B)	3. (D)	4. (C)	5. (A)

1.

(A) A man is drinking water.
(B) A man is wearing glasses.
(C) A man is using a laptop.
(D) A man is holding a pen.

(A) 한 남자가 물을 마시고 있다.
(B) 한 남자가 안경을 쓰고 있다.
(C) 한 남자가 노트북 컴퓨터를 사용하고 있다.
(D) 한 남자가 펜을 들고 있다.

정답 (C)

해설 (A) 남자는 물을 마시는 동작을 하고 있지 않으므로 오답.
(B) 남자는 안경을 착용한 상태가 아니므로 오답.
(C) 남자가 노트북 컴퓨터로 타이핑을 하고 있으므로 정답.
(D) 남자가 펜을 들고 있지 않으므로 오답.

어휘 wear ~을 착용하다, 쓰다 glasses 안경 laptop 노트북 컴퓨터 hold ~을 들다, 잡다

2.

(A) They're opening a door.

(B) They're carrying boxes.

(C) The man is putting an item into a box.

(D) The woman is painting a wall.

(A) 사람들이 문을 열고 있다.

(B) 사람들이 박스를 나르고 있다.

(C) 남자가 박스 안으로 물건을 넣고 있다.

(D) 여자가 벽에 페인트를 칠하고 있다.

정답 (B)

해설 (A) 사진 속의 문은 이미 열려 있으므로 오답.

(B) 남자와 여자 모두 각각 박스를 들고 있으므로 정답.

(C) 남자는 박스를 들고 있으므로 오답.

(D) 여자는 박스를 옮기고 있으므로 오답.

어휘 carry ~을 들고 있다, 나르다 item 물건, 물품 paint ~을 칠하다 wall 벽

3.

(A) The woman is picking up a document.

(B) The woman is cleaning a desk.

(C) The woman is using office supplies.

(D) The woman is looking in a drawer.

(A) 여자가 서류를 집어 들고 있다.

(B) 여자가 책상을 청소하고 있다.

(C) 여자가 사무용품을 사용하고 있다.

(D) 여자가 서랍 안을 들여다보고 있다.

정답 (D)

해설 (A) 여자가 전화기를 들고 있으므로 오답.

(B) 여자가 책상을 청소하는 동작을 하고 있지 않으므로 오답.

(C) 여자가 사무용품을 사용하는 동작을 하고 있지 않으므로 오답.

(D) 여자가 열린 서랍 안을 보고 있으므로 정답.

어휘 pick up ~을 집어 들다 document 서류, 문서 clean ~을 청소하다, 치우다 office supplies 사무용품 drawer 서랍

4.

(A) A man is arranging some chairs.

(B) A man is cleaning some dishes.

(C) A man is wiping a table.

(D) A man is standing behind a counter.

(A) 남자는 몇몇 의자들을 정리하고 있다.

(B) 남자는 몇몇 그릇을 닦고 있다.

(C) 남자는 테이블을 닦고 있다.

(D) 남자는 카운터 뒤에 서 있다.

정답 (C)

해설 (A) 남자는 의자를 정리하는 동작을 하고 있지 않으므로 오답.

(B) 남자는 그릇을 닦는 동작을 하고 있지 않으므로 오답.

(C) 남자는 천으로 테이블을 닦고 있으므로 정답.

(D) 남자는 카운터가 아니라 테이블 뒤에 서 있으므로 오답.

어휘 arrange ~을 정리하다, 정렬하다 dish 그릇, 접시 wipe ~을 문질러 닦다

5.

(A) They're sitting on a bench.

(B) They're having some food.

(C) The man is talking on the phone.

(D) One of the women is taking a picture.

(A) 사람들은 벤치에 앉아 있다.

(B) 사람들은 음식을 먹고 있다.

(C) 남자는 통화 중이다.

(D) 여자들 중 한 명은 사진을 찍고 있다.

정답 (A)

해설 (A) 세 사람 모두 벤치에 앉아 있으므로 정답.

(B) 세 사람 모두 음식을 먹고 있지 않으므로 오답.

(C) 남자는 전화기를 들고 있지만 통화를 하는 것으로 보이지 않으며 전화기 화면을 보고 있으므로 오답.

(D) 여자들 중 한 명이 카메라를 목에 걸고 있지만 사용하고 있지 않으므로 오답.

어휘 talk on the phone (전화기로) 통화하다 take a picture 사진 찍다

RC

| 1. (B) | 2. (B) | 3. (A) | 4. (D) | 5. (B) |
| 6. (A) | 7. (A) | 8. (A) | 9. (C) | 10. (B) |

1.

정답 (B)

해석 다수의 주택 소유자들이 침실 세 개와 화장실 두 개를 갖춘 집을 선호한다.

해설 부정관사 뒤에 빈칸이 있으므로 빈칸은 명사 자리이다. 따라서 -ty 명사 어미로 끝나는 (B) majority가 정답이다.

어휘 a majority of 다수의 homeowner 주택 소유자 prefer ~을 선호하다 major a. 주요한, 다수의 v. 전공하다

2.

정답 (B)

해석 저희 보험 서비스에 대한 추가 정보가 필요하시면, 저희 웹사이트를 방문해주시기 바랍니다.

해설 형용사 뒤에 빈칸이 있으므로 빈칸은 명사 자리이다. 따라서 -tion 명사 어미로 끝나는 (B) information이 정답이다.

어휘 need ~을 필요하다 additional 추가의 insurance 보험 visit 방문하다 inform 알리다 information 정보 informed 잘 알고 있는 informational 정보의

3.

정답 (A)

해석 6월에 모든 직원들은 소속부서의 책임자와 만나 업무 성과에 대한 평가를 받을 것이다.

해설 소유격 뒤에 빈칸이 있으므로 빈칸은 명사 자리이다. 따라서 -or 명사 어미로 끝나는 (A) supervisors가 정답이다.

어휘 employee 직원 meet with ~와 만나다 performance 성과 review ~을 평가하다 supervisor 책임자 supervise 감독하다 supervisory 관리(상)의

4.

정답 (D)

해석 임원들이 새로운 환경보호 지침을 반드시 준수하기 위해 안전 정책을 개정하고 있다.

해설 to부정사로 쓰인 동사 ensure 뒤에 빈칸이 있으므로 빈칸은 동사의 목적어 자리 즉, 명사 자리이다. 따라서 -ance 명사

어미로 끝나는 (D) compliance가 정답이다.

어휘 director 책임자, 임원, 부장 update ~을 개정하다 safety 안전 policy 지침 ensure 반드시 ~하다 comply (명령·규칙 등을) 따르다 compliant 잘 따르는 compliance (명령·규칙 등에) 따름

5.

정답 (B)

해석 부라드 스트리트에서의 공사가 완료될 때까지 이 거리의 구역은 폐쇄될 것이다.

해설 접속사 뒤에 빈칸은 주어 자리 즉, 명사 자리이다. 따라서 -tion 명사 어미로 끝나는 (B) construction이 정답이다.

어휘 section 구역 close ~을 폐쇄하다 until ~까지 complete ~을 완료하다 construct ~을 공사하다 construction 공사 constructive 건설적인

6.

정답 (A)

해석 사막 기후 조건에서도 자랄 수 있는 이스라엘산 딸기는 텔 아비브 대학에서 실행한 실험의 결과물이다.

해설 정관사 뒤에 빈칸이 있으므로 빈칸은 명사 자리이다. 따라서 (A) result가 정답이다.

어휘 Israeli 이스라엘의 grow 자라다 desert 사막 condition 조건 experimentation 실험 result n. 결과 v. 발생하다

7.

정답 (A)

해석 힐즈 커피 주식회사는 요청한 색상으로 만들어진 컵을 구매할 수 있다는 내용의 보증서를 공급업체로부터 받았다.

해설 동사 뒤에 빈칸이 있으므로 빈칸은 동사의 목적어 자리 즉, 명사 자리이다. 따라서 -ance 명사 어미로 끝나는 (A) assurances가 정답이다.

어휘 receive ~을 받다 supplier 공급업체 available 구매 가능한 request ~을 요청하다 assurance 보증(서) assuredly 확실히 assure ~을 보증하다

8.

정답 (A)

해석 뮤추얼 펀드 보고서에 쓰인 평가는 금융사의 의견을 반영하지 않고 있다.

해설 문장의 동사가 do not reflect이므로 빈칸부터 report까지가 주어 자리이다. written부터 report까지 빈칸을 수식하는 구조이므로 빈칸은 명사 주어 자리이다. 따라서 (A) Reviews가 정답이다.

어휘 mutual fund 뮤추얼 펀드 reflect ~을 반영하다 opinion 의견 financial 금융의, 재무의 firm 회사 review n. 평가 v. ~을 재검토하다 reviewable 재검토할 수 있는

9.

정답 (C)

해석 델 코퍼레이션 사는 이번 연도 3분기에 수익상 큰 증가를 기록
했다.

해설 빈칸 앞에 형용사가 있으므로 빈칸은 형용사의 수식을 받을
명사 자리이다. 따라서 (C) gains가 정답이다.

어휘 record ~을 기록하다 large 커다란 revenue 수익
quarter 분기 gain n. (복수형으로) 이익, 증가 v. 얻다,
증가하다

10.

정답 (B)

해석 고객들로부터의 부정적인 피드백에 대한 대응으로, 아웃사이
드 스테이크야드는 주요 요리 메뉴를 건강식이 포함되도록 바
꾸었다.

해설 전치사 in 뒤에 빈칸이 있으므로 빈칸은 전치사의 목적어 역할
을 할 명사 자리이다. 따라서 (B) response가 정답이다.

어휘 negative 부정적인 feedback 피드백, 반응 customer
고객 respond (to) (~에) 응답하다 response 응답

시원스쿨 LAB